JEAN PIERRE MOULARD

UN CHEMIN DANS LES MOTS

SUIVI DE

LE CAHIER DE MON PÈRE

Poèmes

© 2023 Jean Pierre Moulard
Édition : BoD - Books on Demand, info@bod.fr
Impression : BoD - Books on Demand, In de Tarpen 42,
Norderstedt (Allemagne)
Impression à la demande
ISBN : 978-2-3222-2093-9
Dépôt légal : Mars 2023

JEAN PIERRE MOULARD

UN CHEMIN DANS LES MOTS

POÈMES

La poésie est une religion sans espoir.
Jean Cocteau

Je dédie les mots de ce chemin à qui voudra bien les aimer. Ils n'ont jamais été le fruit d'une ambition littéraire, d'un souci de produire une œuvre, mais l'expression d'une nécessité du moment, d'un besoin intime, d'une humeur et aussi du plaisir délicieux de manipuler la langue et les images. Puissent-ils plaire au lecteur ...

J.P.M.

CHEMINS ET PAYSAGES

_____

Les paysages étaient comme un archet qui jouait sur mon âme.

Henri Beyle dit STENDHAL

SOLEIL GRIS
(Jour d'hiver en Camargue)

Des reflets explosent et passent
Dans les flaques de métal
Qui emplissent les traces
De pas d'un animal
Allant vers le soleil

Ombres chinoises se profilent
Des bois étranges vers le ciel
Bras torturés épaves immobiles
Formes fantastiques échouées
Géantes d'un autre monde
D'un autre temps nouées
Aux longs cheveux d'algues qui tombent

Sur la grève incommensurable
Scintille un million de diamants
Qui vers un horizon impalpable
Se réunissent éblouissants
Dans la ligne argentée des brisants
Dont la pulsation inlassable
Et régulière jette l'écume sur le sable

Verte pâle l'herbe agitée
Par le vent sur la dune qui m'abrite
Grise la mer l'immensité
Et ses éclats de malachite
Gris le sable qui coule

Et qui pique la peau quand poussé par le vent
Il vole tourbillonne et roule

Sur la plage infinie qui fuit vers le couchant
Vers les bleus les noirs et les roses
Vers les reflets changeants
Où le regard se pose
Quand au dernier éclat du jour
Sur le delta du bout du monde
Expirent les derniers mots d'amour
Avant que le froid les inonde

Sur nos ombres juxtaposées
Le soleil fauve a explosé.
*

MUSIQUE DES SOURCES

C'est comme un vieux tableau, une ruine romaine
Est enfouie dans les frondaisons.
Tu m'as dit : « C'est plus beau quand revient la
saison ».
Là-haut dort la fontaine.

Pas de naïade, pas de satyre, l'hiver
A blanchi les platanes aux longs bras de squelettes,
Terni les verts, les ors de la palette.
Notre pas ne trouble pas cet univers

Mais rythme deux pensées de sa cadence.
Ce qu'on dit n'a plus d'importance.
Quel temps commence ici ?

Derrière un vieux décor, des époques nouvelles ?
L'horloge de mon temps ne m'a pas dit
Si elle allait sonner des musiques plus belles.

*

Le site qui a inspiré ce sonnet est près de St Marc-Jaumegarde, entre Aix et la Sainte Victoire.

CIEL DES CITÉS

J'ai la photo au bord des yeux ! Imagine :
Je sortais d'une grande-surface-usine
-À-bouffe et j'ai vu les couleurs délicates du soir.
Sur un ciel bleu et rose, des petits nuages en rose et noir
Alignaient des écheveaux, des chapelets de ouate
En mille rangs serrés qui couraient à saute mouton
Au-dessus des châteaux de cartes, des cubes de béton,
Des ronds, des carrés qui s'emboîtent,
Des cités en couleur aux noms d'oiseaux de paradis
De Paradis-Saint Roch et de Canto-Perdrix.

Imagine l'harmonie des formes :
Masse des pins virant au noir, cubes énormes,
Et tout ce ciel qui va, s'effiloche en douceur,
C'était beau…Des cubes on ne voyait pas l'intérieur.

Oublions graffitis ou crasse repoussante
Aux murs, pas d'ascenseur cassé ni d'escalier hurlant
La violence des jeunes, la misère des gens.
On oubliait, si humaine parfois, la bêtise noire et
méchante.

Je voyais des teintes irréelles et c'était beau,
J'aurais voulu tenir mon appareil photo.

*

COULEURS PASTEL

Vois, le ciel est d'un bleu si profond,
Brillant, laqué, plastique,
Que les nuages suspendus y sont
Comme de mousse synthétique.

Vois le crépi aveuglant des maisons
Coupé d'une ombre tragique
Et le muret dont la démolition
Donne un charme aux pierres antiques,

Le vieux cyprès galeux, déformé par le vent
Et les plaques de rocher blanc
Sur la végétation rêche, pas vraiment verte.

Respire cet air infini, la garrigue, les senteurs
Et, ravie de la découverte,
Peins des yeux le tableau pour garder son
bonheur !

*

*Inspiré par un paysage du Grand
Lubéron.*

CONSTANTINE

Roches grises dressées dans la garrigue austère,
Irréelle vision au détour d'un chemin,
Quatre tours, fabuleux entassement de pierres,
S'écroulent au soleil, semblent bâties en vain.

Orgueilleux oppidum d'une race guerrière,
Fantastique éperon surgissant du néant,
Ville arasée, reste de sanctuaire
Et qui ne subit plus que l'attaque du vent.

Dominant désormais une plaine fertile,
Ce plateau désolé prend un aspect futile.
Si le mystère habite en ses profonds avens,

L'aigle qu'on voit planer sur ces étranges ruines
Embrasse dans sa vue la fumée des usines
Et de tant de contrastes l'esprit s'étonne en vain.
*

*L'oppidum gaulois, salyen, de Constantine domine le nord de
l'étang de Berre et fait partie du domaine de Calissanne. On
ignore quelle légende ou quelle déformation du nom originel a
pu conduire à son appellation qui évoque un empereur né
plusieurs siècles après la création du site. Le rempart nord est
impressionnant par ses énormes tours de pierre sèche.*

CARTE POSTALE

Sur les marais ont poussé des arbres de fer,
Des artères de naphte et des flammes orange,
Le soir, éclairent la mer.
Il fallait de l'acier, du béton, des usines, pour
que l'on mange,
Pour travailler, pour vivre.
Les gens d'ici sont devenus amers.

        *

Comme les grands oiseaux qui hantent ces
parages
On est venu migrer aux plages du midi.
On venait de régions d'herbage,
On voulait du travail pardi !

        *

Sous ce ciel bleu dont on prend l'habitude
J'ai aimé ce pays d'histoire et de beauté.
J'y ai vécu, me suis acclimaté
Et puis voilà la solitude.

        *

Souvent, le soir, sur ma route,
J'ai envie de m'arrêter,
Pour la couleur rouille du ciel, sans doute,
Quand le soleil couchant est dilaté.
En vaguelettes ses fragments nagent
Et tracent des chemins sur l'eau
Des étangs. Pour cadrer l'image
J'ai un premier plan de roseaux,
D'arbustes, ça fait carte postale,

Je n'ai jamais fait la photo.

*

Ce qui manque aux vraies cartes postales,
C'est la silhouette des hauts fourneaux,
Leur masse noire à l'horizon, les fumées qui s'étalent.
Ce contraste animerait un tableau.

*

Ces tableaux qui existent aujourd'hui à peine
Car je suis seul à regarder
Et la beauté, sais-tu, me paraît vaine
Quand on ne peut la partager.

*

Je suis le mur, le tableau et le cadre
Et le regard planté devant.
On ne prend plus ma main pour me sortir du cadre,
Mon paysage est plein de vent.

*

Quand je ne perçois plus le monde, est-ce qu'il existe ?
Quand on ne me voit plus suis-je dans le néant ?
Il y a des jours où la beauté est triste,
Et je n'ai plus le regard des enfants.

*

COULEURS D'HIVER

Le ciel pur est une musique bleue
Dont quelques mélodiques traînées blanches
Font résonner encor la juste profondeur.
L'air froid qui souffle sur la Provence
Donne des poumons à nos yeux,
Je respire sa transparence,
M'oxygène de sa clarté,
Entends parfois un contre chant de touches
noires
Que scandent en mineur des cyprès alignés
Et l'accompagnement discret de pâtures vert
pâle
D'or et de roux tachetées.

*

Des superpositions de tons complémentaires
Et conjugués ont, comme sur une aquarelle,
Laissé des plages gris-vert, gris-bleu,
Auréolées de pastels plus diaphanes,
Ponctuées ça et là du son plus vibrant
Du point d'orgue d'un cuivre brillant
D'une gerbe d'or.
Les branches nues entremêlées
En diffuses résilles de beige
Ou en longues pattes noires arachnéennes
Griffent doucement les cordes
De l'azur.

*

En parcourant la Crau
D'un regard qui voit le beau, l'abstrait,

De paysages que j'entends chanter,
Je voudrais pouvoir sur la toile
En fixer les sonorités
Pour les partager.

*

PONTEAU

La mer à l'horizon scintille,
Les pins cachent les industries,
Autour de vieux murs s'entortillent
La ronce et le figuier dans les pierres meurtries.
*
Tristesse d'une bastide en ruine !
Une Provence est morte ici.
L'ensemble est beau mais on devine
Les tuiles effondrées et les poutres noircies.
*
On se sent bien loin des usines,
On ne voit même plus les pins,
Il y a des platanes et de l'aubépine,
Une prairie, l'air qu'on respire sent le thym.
*
Et l'on accède à des terrasses
Vastes, avec piliers monumentaux,
Tout inspire une idée fugace
D'une grandeur passée, de paix et de repos.
*
Le mur sud porte des vestiges
De sculptures, de fenêtres à meneaux,
Mais sous sa voûte romane on s'afflige
De ne trouver que la litière de bestiaux.
*
Au nord, la pierre est plus récente,
Style grand siècle ou bourgeois important.
La façade se voulait imposante,
Elle a mal résisté à l'épreuve du temps.
*

L'environnement n'est pas triste,
Il y a du soleil et des promeneurs,
Des motards assis sur la piste,
La belle fontaine et l'aire des moissonneurs.

*

Au progrès il n'a pu survivre,
Le monument commence à s'enfoncer.
Je l'ai cherché dans plusieurs livres,
Même son souvenir, déjà, semble effacé.

*

Je voudrais retrouver ceux qui savent
Et ceux qui aiment à restaurer
Et voir, près des grandes épaves,
Quelques vivants émus, capables de pleurer.

*

En ruine et complètement enclavé dans la zone industrielle de Lavera, le château de Ponteau est, dès le XIIIe siècle, une bâtisse seigneuriale fortifiée dont reste la salle basse en berceau brisé. A la fin du moyen âge il devient une exploitation rurale aux mains d'un fermier. Au 18ème siècle un négociant marseillais l'achète et fait des transformation façon grand siècle, mais ses travaux coûteux ne furent jamais vraiment terminés. En 1960 il servait encore de maison de chasse et était parfaitement habitable ce qui est difficilement imaginable quand on visite la ruine aujourd'hui.

AILLEURS

Horizon plat, terre jaune,
Ligne fuyante des eucalyptus,
Moutons qui broutent le chaume.
*
Une tente large et pointue,
Venue du sud, nomade.
Une masure blanche s'effrite
Depuis bien des décades.
*
Dans son ombre un enfant s'abrite,
Montre un seau en plastique, plein
De figues de barbarie bien mûres.
Il m'interpelle de loin
Mais les vendre est une gageure.
*
Un vieillard sautillant sur ses reins,
Un âne trottine, alerte.
Où va-t-il ? On ne voit rien,
Que des arbres la ligne verte.
*
J'ai atteint la ville hérissée de fers à béton,
Pleine de vielles voitures, de poussière, de
piétons,
De cafés pleins d'hommes tristes,
Écrasés par le feu du ciel.
*
Je me suis demandé ce qui était réel,
Si le monde d'où je venais existe.
*

MÉDINA

A la tombée du soir, les venelles étroites
Nous ont perdus dans leurs lacets.
Au milieu des pénombres moites
Plusieurs mosquées étincelaient.
*

Chaque alvéole de la vieille cité maure
Ramenait ses humains, exhalait sa chaleur,
Rucher sombre dont je pense encore
Qu'il ne protège ni du soleil ni du malheur.
*

Les visages ne m'étaient pas hostiles,
Les enfants jouaient sur les galets,
Chaque cour était comme une île
Que l'on aurait scrupule à violer.
*

Le regard plonge, involontaire,
Dans les intérieurs démunis,
Où des femmes dorment à terre
A même de très vieux tapis.
*

Voyeurs involontaires,
Gênés, on s'est enfuis.

*

PASSANTILLAISES

La peau de la fille était assez claire
Mais si son visage était beau,
Une étrange froidure épaississait sa peau.
J'ignorerai sa vraie nature, je n'ai su que me
taire.

*

C'était sur le bateau rouillé,
Un soir au vent doux comme un voile,
Le roulis balançait les étoiles
Et les vagues en scintillaient.

*

L'autre avait un air chaleureux,
La peau très foncée mais très fine,
Un sourire enchanteur à voir,
Avait-elle une âme mesquine ?

Comment pourrais-je le savoir ?
Je ne lui ai parlé que des yeux.

*

Ah, conserver tous ces visages,
Imaginer sans rien savoir
Des caractères, émotions, espoirs,
Quand je reviens de ces voyages.

*

PAYSAN VU DE LOIN

A deux pas de la mer émeraude
Et des plages à cocotiers
Et des villages ripolinés
Je l'ai souvent rencontré.

Il marche sur le bas côté
Devant les cannes à sucre ou bien les bananiers
Ou devant rien.
Il marche le jean enfoncé dans des bottes
Larges de caoutchouc noir.
Je l'ai souvent rencontré.

Sous son chapeau de paille déformé
Je n'ai jamais distingué son visage
En voiture on passe trop vite
Mais je vois ses bras noirs et noueux
Son maillot de corps gris
Moulant quand l'homme est jeune
Et flottant s'il est vieux
Le bras qui tient le seau de plastique
Avec le grand coutelas à tout faire.
Je l'ai souvent rencontré.
Je ne sais pas où il va
Ce qu'il pense ni ce qu'il fait
Jamais il n'a tourné la tête quand je passais.

En fait je l'ai souvent vu
On ne s'est jamais rencontrés.

*

QATARINADE

L'étrange polyphonie des prières
Descendant de plusieurs mosquées,
La nuit, tombée comme une pierre,
Très tôt, m'a brusqué.

*

La mer est là sans qu'on s'y baigne,
Le climatiseur trop poussé,
La bière sans alcool m'imprègne
Et j'en ai assez.

*

Quatre chameaux entre des HLM
Ont l'air d'être bien désolés,
Quatre vieux, sous l'arbre qu'ils aiment,
Se sont relevés.

*

La tôle ondulée plantée dans le sable
Voisine avec cette citée
Moderne sinon agréable,
L'électricité.

*

Au souk, plein à ne pas y croire
De bijoux, de gadgets japonais,
On croise les femmes masquées, noires,
Encapuchonnées.

*

En Mercedes, un qatari passe,
Vêtu de blanc immaculé,
En quat' quatre des jeunes dépassent,
Riant à hurler.

*

On est venus, blancs mercenaires,
Mendier des pétrodollars
Dans ce paysage lunaire,
Univers à part.

*

TRAJETS

Les lieux
Ont-ils une mémoire ?
Rêvent-ils de nous avoir vus passer aux jours heureux ?
J'aime à le croire.

*

Les bleus
De la Haute Provence
Et l'ombre des pierres, aux quatre vents, font pleurer mes yeux
De souvenance.

*

Il restait
Mille romances
Dans mille autres de ces villages et de ces sites encor à
inventer.
Souvent j'y pense.

*

Tu sais,
Tous ces itinéraires,
Que tu n'as pas voulu continuer à deux, par la pensée
Je vais les faire.

*

BUCOLIQUE

C'est une vieille ferme aux pierres apparentes,
les blocs couleurs de miel, patinés,
semblent extraits des ruines du castellas voisin.
Trou d'ombre et de fraîcheur, la bergerie ouverte
exhale encore un peu de l'odeur du troupeau.
Les tuiles sont moussues et le toit se complique
de ces formes bâties que les âges ont juxtaposées.
La façade de la cuisine semble imitée d'une aquarelle,
porte et fenêtre aux carreaux voilés,
peintes d'un vieux gris bleu qui s'écaille
et surmontés d'un glycine.
Il manque un balai pour le tableaux
et des pots de fleur pour la finition.
A l'angle un grand bassin de pierre
semble vivre sa vie paysanne
avec robinet et tuyaux.
Des poules picorent au pied d'un escalier
extérieur, raide, accolé au mur.
*

Quand le soleil levant projette ses couleurs
sur la pierre, j'aimerais bien m'y réchauffer
face à la pente douce, herbeuse,
parsemée de vieux amandiers.
J'apercevrais dans la brume de la Durance
la masse bleue du petit Lubéron.
J'aurais me semble-t-il cette impression sereine
d'avoir toujours manié les vieux outils,
connu les pierres, les poutres noires des plafonds
et, bouclant mon chemin sur de vieilles images,
de pouvoir méditer en paix.
*

Il serait doux, parfois, et reposant
de voir les paysages à l'échelle de l'homme,
imaginer qu'au milieu d'un jardin
notre ciel chaudement se limite
à la coupole que formerait la main d'un dieu
immense et qui veille !
Mais je suis et tu es atome propulsé
pour une infinitésimale fulgurance
dans un gigantissime univers que l'on ne comprends
pas.
À la fin restera cette impression banale
que tout est allé trop vite et qu'on n'a rien compris.

*

Alors, savourer au matin l'atmosphère,
l'odeur de la terre, la garrigue,
se réjouir de voir fuir les lapins,
se sentir bien, caresser lentement à travers l'épaisseur de
la toile
la femme qui est venue doucement s'appuyer,
amoureusement, épanouie et belle,
et savoir, oui savoir que demain,
de ces bonheurs il restera peut-être peu de choses.
Alors, comme on suce un bonbon,
faire rouler l'instant sur le bout de la langue !

*

Quand je n'en sentirai plus le goût,
je me souviendrais quand même d'avoir pris
ces instants au monde, au cosmos ou à Dieu
et que c'était ce qu'il y avait de mieux à faire.

*

LA COUPE DES SOUVENIRS

Sous les orbites noires de la ruine,
Devant ses murs branlants,
J'ai goûté le soleil brûlant,
Rêvé sur la colline,

Allongé dans l'herbe et nos souvenirs,
Des grillons près de mon oreille,
Sous les nuages qui appareillent,
Voiles sans devenir.

On dit c'est vrai que la montagne est belle !
Il ne faut pas la dégrader,
Il nous faudra sauvegarder,
Intacte, exceptionnelle,

La valeur paysanne, les sentiers,
Les champs, les près, les murs de pierre,
Les forêts, nos itinéraires
D'écolos vacanciers.

Je ne pourrai pas t'offrir ce domaine,
Sauf aujourd'hui par la pensée,
Avec ce grenier défoncé,
La prairie sans fontaine.

Car l'image est à nous, le souvenir,
Cette coupe où l'on boit ensemble,
Pour bien ressentir ce qui semble
Un peu plus nous unir.

*

ÉMOIS

——

Au moment le plus intense du plaisir, je ressens violemment le manque d'une intensité plus grande encore. À ce manque je sais que j'aime.

Jean Pierre Burgart

ALPAGES

J'ai nagé avec toi dans des tapis de fleurs,
Couru tes cheveux flous, ton visage angulaire,
L'air grave qui enchaîne mon imaginaire.
Nous inspirions, pur et dense, l'air du bonheur.

*

Les matelas d'aiguilles, les forêts des hauteurs
D'où surgit des torrents l'eau glacée et limpide
Éclaboussant d'écume folle des rapides
Grondant à l'unisson des battements du cœur.

*

Le soleil a écrasé sur la pente
Deux silhouettes fatiguées, trébuchantes,
Deux corps enlacés et brûlants

*

Et j'ai plaqué ton dos sur l'herbe folle
Lorsque tu regardais par-dessus mon épaule
Les oiseaux qui criaient dans le ciel du
couchant.

*

AMOUREUSEMENT

Pour ne pas être seul dans sa tête,
pour ne pas être seul dans sa vie,
pour ne pas être à côté de ses pompes,
pour ne pas être seul dans son petit plaisir
c'est peut être une affaire de qualité de
sentiment,
tout simplement.
Oui, …..mais hélas pas seulement.

*

ÉMOIS

Ton corps est une île où je rêve,
Isolé dans la nuit, car j'y ai revécu
Des amours acharnés, sans repos et sans trêve,
La tristesse et les doutes oubliés et vaincus.

Dans ton regard brillant, sur tes paupières roses,
Ton visage si fin et tes lèvres émues,
Je voudrais pouvoir lire encor toutes ces choses
Que me disait ton corps lorsque je l'ai tenu .

*

PRINTEMPS PRÉCOCE

Se côtoyer longtemps sans rien apprendre
Et sans émoi,
Et puis un jour se parler, se comprendre.
Il fait moins froid.

Parce que je te vois, parce que tu me regardes
Et que ces yeux,
Si grands si beaux, sans même qu'on les farde,
Je ne vois qu'eux.

Et si l'on s'est aimés sans très bien se connaître,
Un soir très doux,
Je prendrai tout mon temps pour découvrir ton être,
Par petits bouts.

Quant au bilan de ce qui sépare ou rapproche,
Bah, je m'en fous !
Je sens un peu d'amour, alors je m'y accroche,
Et puis c'est tout !

*

VISION

Le vent sifflant entre les crépis pâles,
Soufflant l'air de la mer
Et soulevant des fumerolles jaune sale
De sable fin sur des débris de fer
N'est pas assez puissant pour couvrir la musique
De ta voix qui sait chanter,
Qui sait parler au cœur
Et, depuis le rivage du Golfe Persique,
Je l'entends me conter
Que tu penses à moi.

Bleu tremblant, le ciel de chaleur m'entoure.
Le sol, blanc comme lin,
Forme des entrelacs de lignes qui parcourent
L'étendue monotone, sans fin.
Il n'y a pas assez de palmes ni d'arbustes
Pour qu'ils puissent cacher
Deux grands yeux étirés comme aux portraits étrusques
Me regardant marcher
Avec émoi.

Vision surexposée, surimpression,
Au pays des mirages
Il faut très peu de rêve et d'imagination
Pour percevoir autour de ton visage
La masse de cheveux que je voudrais tenir,
Pour goûter sur mes lèvres
Le souffle du baiser dont j'ai le souvenir.
Au désert j'ai la fièvre
Quand je pense à toi.
*

POUR UN REGARD

Insondables comme l'eau noire,
L'eau profonde et pure qui dort
Dans un gouffre et que des lampes moirent,
Étincellent d'argent et d'or,
Insondables comme un regard de fauve
Inquiétant, que l'on ne comprend pas,
Dans tes yeux passent et se lovent
Tant de pensées qu'on ne les saisit pas.

Tu te tournes vers la lumière,
Le reflet du soleil éclaire
Ton iris de fils jaunes et vers.
Ton regard est alors simple et clair,
Il parle en souriant,
Il chante en me parlant.

Fasciné comme par un reptile,
Par le regard, le mouvement,
Par la parole volubile,
Étonné d'être ton amant,
Je ne sais pas toujours que dire,
Que faire, que donner, j'admire.

Mes mains sont vides, est ce que je sais donner ?
Mon cœur est vieux, est ce que je sais aimer ?
Si un amour est né, s'il est là, s'il doit naître,
Je ne suis pas très sûr de bien le reconnaître.
Mais le joyeux désespéré qui fait ces vers

Je crois qu'il va souffrir si jamais il te perd.

Son esprit est dans les nuages,
Il voudrait contempler des amours dans des cages,
S'accrocher des deux mains aux barreaux de l'espoir,
Observer son reflet au fond des regards noirs
Pour se connaître mieux,
A s'en brûler les yeux.

*

DOMINICALE PASSION

Ton joli corps, souple et menu,
S'accroche et s'enlace.
Nous flottons.
Mes lèvres sur tes lèvres et puis sur ta peau nue,
Délicate, sur ton cou, se prélassent.
Nous rêvons.
Front contre front, tes yeux immenses,
Éperdus et noyés dans les miens
Nous lisons
Dans nos cœurs les élans les pulsions et les liens,
Les craintes, les peurs et les transes.
Nous créons cette énorme chaleur qui envahit notre âme,
Le vertige de l'âme qui envahit nos corps,
Nous aimons
L'étrange alchimie de la flamme
Qui transfigure notre accord.

*

INSTANTS PRÉCIEUX

Ta silhouette, en ombre chinoise,
Se découpe au dessus du lit,
Gracile, la taille se plie,
Soulevant les cheveux tes bras se croisent

Dans un mouvement gracieux
Qui avance un sein menu et lisse
Devant les carreaux qui palissent.
Encor allongé, je te bois des yeux.

Je m'étais levé dès l'aurore
Observer la couleur des nues,
Brancher le café. Revenu
M'allonger près du corps que j'adore,

J'ai senti la joie du présent.
En t'effleurant mes lèvres tremblent,
Oui, nous avons dormi ensemble.
Oui, tout devra devenir moins pesant.

Pour la moitié de ton sourire,
Fait, je crois, d'une moitié d'œil,
Pour un baiser furtif d'accueil,
J'ai porté le café fumant, c'est dire

Si je voulais te contempler,
Écouter ta voix caressante,
Avancer une main tremblante,
Rechercher toujours le bonheur complet.

J'ai souvent très soif de tendresse
Et tu manques parfois de chaleur,
Mais là, vois tu, je le confesse,
Contemplant ton réveil, ta beauté, ta jeunesse,
J'ai dérobé à ton insu, comme un voleur,
Quelques précieux instants de pur bonheur.

*

GARDIEN DU PHARE

Il y avait une belle chanson qui disait
Qui parlait de dormir qui parlait de partir
La porte ouverte
Belle aussi cette autre qui parlait
D'une maison bleu qui avait
Toujours la porte ouverte
Et dans ma tête
Auberge du Bon Dieu maison des courants d'air
J'ai aussi laissé rentrer tous les vents
Perdu le Nord bien souvent

Laisse entrer les joies et les peines
Car je ne sais pas
Si l'on peut avoir les unes en se protégeant des
autres
Je ne crois pas
Qu'il y ait des portes qui les trient

Mais quand tu viendras
Si tu viens un jour
Guidée par ma lampe que l'on voit briller
Nuit et jour par la porte ouverte
Si comme un papillon ma lumière t'attire
Au point de te faire oublier
Que tu crains de te brûler les ailes
Quand tu viendras
Si tu viens
Tu peux refermer la porte derrière toi

Je soufflerai la lampe désormais inutile

Pour ne pas brûler ton amour fragile
Et pour qu'on ne nous voie pas
À travers la fenêtres
Quand tu viendras
Si tu viens

*

LES ESCOYÈRES EN SONGE

J'ai rêvé que dans un vieux chalet, là bas,
Accroché sur le flanc du village qu'on aime,
Nous étions abrités entre des murs épais,
Loin de tout, isolés sur un désert de neige.

La nuit donnait à boire cette pure clarté
De l'air léger, froid comme le vide.
Des myriades d'étoiles avaient comme reflet
Les lumières semées sur la pente d'en face.

Contre ce dehors et ses couleurs de froid
Notre monde était chaud, jaune et rouge.
Au feu de l'âtre mon cœur se réchauffait
Du bonheur qui lissait ton visage.
Je voyais dans tes yeux des flammes qui dansaient.

*

*Les Escoyères. Ce hameau en balcon sur les gorges du Guil,
en haut d'une incroyable petite route en lacets serrés où l'on a
du mal à prendre les virages, était complètement abandonné
quand nous nous sommes accoudés devant la petite école pour
contempler le paysage vertigineux et les chalets de Bramousse
en face. Depuis, un seul couple, semble t'il à réinvesti les lieux
pour y aménager un gîte.*

DOUCE

J'affirme que ta chevelure
Est aussi douce sous mes doigts
Que ta peau sous ma joue, ton allure
Et les inflexions de ta voix.

Tout est douceur et se savoure
Comme sur la langue à plaisir
Et je t'entoure et je m'entoure
Le cœur de chaleur, de désir.

On se connaît si peu encore !
On se découvre peu à peu,
Anxieux du destin qui élabore
Ce qu'il adviendra de nous deux.

Mais aujourd'hui on se sent vivre,
Le bonheur qui passe on le prend
Et les instants qui nous enivrent
On les aura volés au temps !

*

DANS LES ÉTOILES

C'est une fille aux cheveux clairs
Qui engendre une vie intense,
C'est une femme au regard fier
Rencontrée en haute Provence.

J'avais traversé des jours noirs,
Je me trouvais à bout de course
Dans l'obstination de vouloir
Trouver quelques nouvelles sources

D'étoiles et de nouveaux ciels,
De nébuleuses pas éteintes
Ou d'univers providentiels
Qui brûleraient dans leur étreinte.

Y a-t-il de par le vaste monde
Des filles brunes, des filles blondes
Qui par leur danse vagabonde
Sauraient me repeindre le monde
Couleur du ciel.

J'avais été satellisé
Par plusieurs de ces nébuleuses
À la chevelure étoilée
Vers des solitudes frileuses.

Une comète, par hasard,
Est venue promener sa trace
Sur les écrans de mon radar
Et son cœur n'était pas de glace !

Il y a de par le vaste monde
Des filles brunes, des filles blondes
Qui par leur danse vagabonde
Savent nous repeindre le monde
Couleur du ciel.

Je voudrais vous conter l'affaire
Car ça n'arrive pas souvent.
Ce n'est pas un secret à taire,
On peut la dire aux quatre vents.

Je voudrais jouer de la vielle,
Me déguiser en troubadour,
Vous expliquer comme elle est belle,
Vous raconter ce qu'est l'amour,

Et puis faire un si beau poème
Que, dans un futur étoilé,
Le prénom de celle que j'aime
Soit connu par les écoliers,

Car l'air qu'on respire autour d'elle
Est de telle légèreté
Qu'on pourrait croire avoir des ailes
À jouir de son intimité.

Il y a de par le vaste monde
Celle qui ni brune ni blonde
De par sa danse vagabonde
Sait bien me repeindre le monde
Couleur du ciel.

AMUSETTES

———

....et le désir s'accroît quand l'effet se recule

RACINE (Polyeucte)

CALEMBREDAINES

Je pense à toi,
Tu penses à moi,
Il pense à elle, elle pense à lui,
Nous pensons tous,
Vous pensez bien,
Ils ou elles ne pensent à rien.

Dessine-moi un avion,
Conjugue-moi un petit prince,
Compte moi des moutons,
J'ai les mots qui coincent.
Je de mots,
Tu joues,
Il ou elle souffle,
Nous déclinons votre savoir,
Vous torturez ma pensée,
Ils ont mangé la grammaire.

Alors peins sur mes ailes bleues
Des nuages de fête,
Je vais rêver un peu
Car il pleut dans leur tête.

Il pleut des clous,
Le monde est fou,
Mais on s'en fout
Dans notre trou.

Le ciel, par dessus le toit,
N'est ni bleu ni calme
Et les sanglots longs des violons

Ne bercent pas de palmes.

Sous le pont Mirabeau
Le ciel est dans la Seine,
J'y ai mélangé des mots
Pour peindre du Verlaine.

Jeux de mots,
Tu joues,
Il ou elle souffre,
Nous étalons notre savoir
Et nous cachons nos pensées,
Ils ont perdu les poètes.

Mais je pense à toi,
Tu penses à moi,
Il pense à elle,
Elle pense à lui,
Nous pensons tous
Que c'est très bien
Et que ça n'aura pas de fin.

*

COMPTE A DORMIR DEBOUT

Si tu savais
Combien de fois par jour
Je pense à toi,
Si tu savais
Combien je t'aime,
Peut-être aimerais tu compter,
Tu ferais de l'arithmétique !

Si tu apprends à compter
Tu peux compter sur moi,
Si tu ne comptes pas
Je veux compter pour toi
Car tu comptes pour moi,
Infiniment

*

MORALE

Dieu a inventé la vérole,
L'homme a inventé la pénicilline.

Cela démontre clairement
De quel côté se trouve le bien,
De quel côté se trouve le mal !

*

PROBLÈME DE PHYSIQUE

Une grande place vide
Est à côté de moi
Un grand vide est en moi
Mais il y a trop plein
Dans mon cœur plein de toi.

Si l'on inventait un principe
Des cœurs et des corps communicants

Je saurais quoi faire,
Quoi faire de mes jours
Quoi faire de l'amour.

*

LE COQUILLAGE

On raconte aux enfants que dans les coquillages,
Les grands, les beaux, ourlés, rosés, nacrés,
Le bruit de l'océan en un ressac discret
Est resté prisonnier. On le croit à cet âge,
On applique sa joue et, sans un mouvement,
En fermant les yeux on écoute
Battre des vagues au rythme de son propre sang
Résonnant dans la conque et l'on n'a aucun doute.

N'en rions pas, car j'avais l'autre soir
Le visage enfoui dans un beau coquillage
Et je croyais sentir et percevoir
Des choses dont il faut se méfier à mon âge.
Tes émotions avaient tant inondé mon âme
Que je m'abandonnais à croire que toujours
Tu m'en laisserais respirer les larmes.

Je voudrais croire au merveilleux,
M'enivrer longtemps de merveilles
Car ton bonheur me rend heureux.
Écoute, sur mon cœur viens poser ton oreille !

*

PLAISIR D'OFFRIR

Chaîne aux poignets, chaînes au cou,
Croyez-vous qu'elles soient nos esclaves ?
Croyez-vous que l'or des bijoux
Achète leur amour volage ?

Des femmes vous n'avez rien appris !
Si vous aimez, c'est vous qui vivez le servage !
Et pour mieux vénérer votre cage
Vous plaquez d'or ses barreaux gris.

*

CŒURS ET ÂMES

———

La vie humaine commence de l'autre côté du désespoir.

Jean Paul SARTRE

DIFFRACTION

J'ai dit :
Complémentaires.
Tu as répondu :
Couleurs.

J'ai parlé de lumière,
Tu n'as pas dit :
Bonheur.

*

GERMINAL

Je sèmerai des mots devant le soc d'une charrue
Pour les enfouir au fond d'un sillon de silence.
Il germeront plus tard, plus fort, sans retenue
Ou bien ils pourriront si je n'ai pas de chance.

*

Pour que mots, sentiments puissent y pénétrer
J'ai envie d'entailler la surface des choses,
De briser les miroirs que l'on ne peut graver,
D'enfouir dans le terreau des grains d'apothéose !

*

Comme un précieux fardeau je veux y déposer
De pesantes idées quand mon front les enfante,
Prier anxieusement leurs germes d'exploser
Pour les offrir alors au monde triomphantes.

*

Mon cœur qui est bien lourd de sentiments profonds
Veut engendre vois-tu la passion, les joies vives,
Enter sous ta coquille, impénétrable front,
Des idées de l'amour qui seraient corrosives.

*

J'attendrai que surgisse des ferments de folie,
Pour voir déchiqueté les masques indifférence !
Voir se multiplier sous mes yeux que l'on fuit
Des geysers inconnus de passion et de transe.

*

Moi, je serai blotti au fond de ce sillon,
Inondé de bonheur dans le cœur d'un cyclone,
Contemplant éperdu cette germination
D'un volcan de pensées qui aujourd'hui étonnent.

Quand tes esprits épars tu voudras rassembler
Pour rebâtir toujours plus dur ta carapace,
En repliant tes ailes tu m'auras enchâssé,
Ô mon beau papillon, dedans ton cœur de glace !

*

LA CLEF

Quand tu tournes la clé secrète
La clé dans mon cœur
Douleur
Que pour toi j'avais faite

Tu peux ouvrir mais ne vois pas
Que dans les nuages
Surnage :
«Peut-on aimer autant que ça?».

Si tu as jeté le sésame
Qui rendait heureux
Les yeux
Sont une autre voie de l'âme

As tu caché la clé des yeux
Ou perdu le code
La mode
Serait de ne plus voir les cieux

Mouillent mes pleurs
Est ce que ça saigne
Quand tu veux ouvrir
Mourir
Ne serait rien si tu voyais ma peine.

*

ICARE EST UN COUILLON !

Icare est un couillon !
Je sais de quoi je parle
Mesdames et messieurs.
Il a voulu voler et atteindre les cieux.
Qui se souvient qu'il a volé
Puisqu'il est tombé ?
*

On peut approcher le ciel !
Je sais de quoi je parle
Mesdames et messieurs.
Je m'y suis réchauffé et je m'y suis brûlé !
C'était l'extase, vous savez !
Je suis tombé.
*

Ce n'était pas raisonnable,
J'étais monté trop haut.
SOS ! J'attends dans mon canot !
J'attends d'être sauvé et j'attends de comprendre,
Si on retrouve la boite noire,
Où j'avais faux.
*

RENDEZ VOUS

Là bas, une ombre familière
Cheminait avec moi.
Je croyais l'avoir fuie, mais à sa manière,
Elle restait attachée à mes pas.

Je me disais : vois tu ce paysage ?
Ne rappelle t-il pas d'autres lieux,
Un autre âge
Où nous étions heureux ?

J'étais parti avec ton ombre et ne le savais pas.
Le soir, cette ombre qui m'est chère
Se glissait dans mes draps.
J'aurais voulu l'étreindre, calvaire,
À pleurer, voilà.

Fou que j'étais de n'avoir pu comprendre
Que tu es aussi là bas, qu'on ne peut se
déprendre,
Que je pourrais aussi enfouir un jour
La tête et le cœur dans le sable
Mais te verrais toujours.
C'est implacable.

Et si pour oublier je partais voir
Mille merveilles et mille mondes,
Et si je retrouvais tous les soirs
Des plus belles que la Joconde,
Aimantes, je sais que sur le froid

Des banquises, la brûlure des déserts, aux
confins du monde,
J'aurais, sans doute, rendez vous avec toi.
*

PROMENADE

Voyez où la vie nous promène,
Il paraît qu'elle est sans recours,
Il arrive qu'elle nous amène
A parler encor de l'amour.
*

On a vécu quelques tourmentes,
On sait qu'on est pas des héros,
Et qu'en restant sous notre tente,
On peut encore y avoir chaud.
*

C'est vrai qu'il y a des rencontres,
C'est vrai que l'on a bien trouvé,
En pesant le pour et le contre,
Qu'il y avait un feu qui couvait.
*

L'avenir, qui fait des grimaces
Nous demande ce qu'on fait là,
On sait pas répondre à sa place,
On dit : c'est la vie ! Puis voilà.
*

Faut vous dire comme elle est belle
Et vive comme feu follet,
Elle est sûrement mieux que celle
Que mes rêves avaient inventée.
*

Elle a effacé tout le reste
Et j'ai bien compris qu'il fallait
Absolument qu'elle me reste,
Amoureuse comme elle était.

*

Faudra sans doute que je lui porte
Son p'tit café tous les matins,
En faisant pas grincer les portes,
Si je veux qu'elle soit câlin !
*

C'est pas des trucs qu'on vous explique
En chaire à l'université,
Mais l'amour, est-ce que ça s'explique,
A ceux qui se croient vaccinés ?
*

Jusqu'à quand la vie nous promène,
Puisqu'on dit qu'elle est sans recours,
Faudrait que longtemps elle nous mène
Par les chemins du bel amour.
*

J'aurai vécu la porte ouverte
Au monde entier, aux quatre vents,
Le cœur battant , poitrine offerte,
L'aventure des sentiments.

Voyez où la vie nous promène !

*

LES MOTS PERDUS

Les mots qui nous berçaient au fond de notre lit
Aussitôt qu'on naissait, sont tombés dans l'oubli.
Des mots qui nous caressent, des mots qui nous
cajolent,
Des mots pleins de tendresse et des mots qui consolent.

Ils ont réconforté et on les a aimés,
Ils ont été, je crois, les mots qui nous formaient.
Ces mots perdus, les mots perdus.

*

De notre adolescence, on s'en souvient parfois
Mais qu'a dit cette fille, cette première fois ?
Sur mes premiers sonnets Je vois sa main qui tremble
Mais qu'en en a-t-elle fait puisqu'on n'est plus
ensemble ?

On en avait rêvé, on était angoissé,
Et ils nous émouvaient, ils nous ont délaissés,
Les mots perdus, les mots perdus.

*

Quand on s'est cru adulte, a-t-on représenté
Les idées généreuses dont on s'était flatté ?
Lorsqu'on a cru trouver un sens à l'existence
N'était-t-il pas trop tard pour que tout recommence ?

On s'y était attaché, on les a négligés,
On les a retrouvés et on les a gâchés.
Les mots perdus, les mots perdus.

*

Lorsqu'un amour nous quitte, qu'on en soufre à crever,
Sait-on encore parler de ce qu'on lui devait ?
Et quand on a la chance qu'une autre nous revienne,
A-t-on appris à dire des mots qui lui conviennent ?

On les a détestés quand on désespérait,
Quand on veut les chanter, ils sont évaporés !
Les mots perdus, les mots perdus.
*

Mon père, est parti tôt,sans avoir eu le temps
De bien faire savoir ses écrits étonnants.
Et toutes les paroles qu'on n'a pas pu se dire,
Comme elles blessent encore, comme elles me
déchirent !

Ils sont à peine écrits et jamais publiés,
Et chaque jour la vie nous pousse à oublier
Ses mots perdus, ses mots perdus.
*

On les a désirés, on les a adorés,
On les a détestés, on les a regrettés.
Les mots perdus, les mots perdus,
Les mots perdus, les mots perdus.

*

LA MOUETTE

Sur le sentier sableux traversant les salins,
Te souviens tu ? Une mouette rieuse
Nous survola longtemps, restant au même point
Apparent dans le ciel et tu étais curieuse,
Tandis qu'elle lançait ses cris,
De comprendre pourquoi, penchant sa tête noire,
Elle semblait nous scruter d'un œil rond et surpris.

N'était-ce qu'illusion qu'il nous plaisait de croire ?
Ce manège curieux n'était qu'une apparence,
Seul le vent la guidait,
Elle voyait un roseau qui danse,
Paresseuse elle regardait
Courir sur l'étendue l'ombre de notre chien
Ou d'autres riens.

Sous un ciel nu, quand résonne un cri qui s'entête,
Qui connaît le langage des mouettes ?

*

RADICELLES

Du lit, à travers la fenêtre,
J'observe les feuilles rondes du chêne vert
Dont les bois tordus et souffrants
Sont, sur le gris du soir,
Comme un réseau de bronches ou d'artères
Qui irriguerait le ciel.

*

J'ai souvenir d'autres arbres
Alignés, noirs, sur l'horizon,
Dont les longues et fines griffes
Rayaient le gris bleu de l'aube
Devant ma route sur la Crau.
Des météores jaunes et blancs
Se jetaient sur mon pare brise,
Je suivais des points rouges en rang,
Rêveur et tiède de l'amour de la nuit
Qui engourdissait encor les projets du matin.

*

Au sortir du plaisir j'avais des arbres tristes,
Quand je suis alité ils évoquent la vie !
Mes arbres les plus anciens
Sont les graciles peupliers, au bord du Lot,
Le magnolia d'Agen
Et puis le marronnier devant l'autre fenêtre.

*

J'aime à me souvenir des arbres de ma vie.
M'ont ils laissé des racines ?

*

LA MÉMOIRE

Comme une sphère grise,
comme un essaim autour de moi,
des obsessions familières,
des souvenirs
m'obscurcissent le monde environnant.

La mémoire entre alors par mille pores
comme des vers pénétreraient la peau.
Ce n'est pas une amie !

Pourtant, parfois, elle me rassure :
« Ça tu l'as fait, ça c'était bien, ça c'était
beau…. »
Et puis elle plante le couteau :
« Cela n'est plus ! »

*

TOUT VOULOIR

Quand on se trouve intelligent
On voudrait rebâtir le monde,
Mais on ignore, au jeune temps,
Les difficultés profondes
Qui vont surgir,
Même pour les plus tenaces,
À l'énergie la plus vorace,
Si l'ambition n'est pas de taille
À balayer tout sentiment qui nous tenaille.
*
Quand on est sensible, rêveur,
On veut goûter chaque seconde
Et chaque aurore et chaque fleur
Et toutes les beautés du monde.
Et puis la vie…
Qui tant nous contraint à l'utile,
Qui proscrit les choses futiles
Pour ce qui presse et asservit,
Se moque du poète, l'arrache des nuages
Et l'oblige à subir de durs apprentissages.
*
À aimer l'homme tel qu'il est
Et vouloir aider tout le monde,
À ressentir la solidarité
Avec sincérité profonde,
On apprend vite et bien
Qu'après la lutte obscure et dure
Dans des minorités belles et pures,
On peut aussi gagner pour rien,
Gagner de faux pouvoirs qu'on dédaigne,

Rester honnête et marginal quoiqu'il advienne.

*

On est très amoureux
Et l'on veut de chaque seconde
Faire un instant complice à deux,
Se donner tout le bonheur du monde
Mais en chemin,
Des cahots, des embûches sournoises,
Puis des mots-poignards qui se croisent
Feront la hargne et le chagrin.
On ne peut se quitter, à cette idée l'on tremble,
Et l'on finit par préférer souffrir ensemble.

*

J'ai tout aimé, j'ai tout voulu,
Je ne regrette rien, je l'ai presque eu,
Mais autre chose aussi, et pas du tendre !
L'amer avec le doux, il faut le prendre.

*

PROVERBE

Les belles âmes d'ici bas,
Les grands cœurs, les poètes,
Au seul nom de l'amour ont l'esprit plein de fêtes
Et pour le dieu Amour se prosternent bien bas.

*

Quant aux âmes très ordinaires,
Cœurs frileux, protégés,
Si elles ont connu l'amour elles l'on négligé
Ou bien l'ont oublié dans la vie ordinaire.

*

Surtout ne pleure pas d'amour
Près d'une âme grossière,
Guerrière, au front épais, elle rirait par derrière!
La bêtise s'amuse à nos peines d'amour.

*

Pourtant, si tu n'avais pas vu tes larmes amères
Un jour tournées en dérision,
Su tu n'avais senti ta folie ordinaire
Se noyer dans l'inattention ,
Si tu n'avais pas tant souffert, mon frère,
Saurais-tu ce qu'est la passion?

*

SOIR DE FÊTE

Des flocons dans ma tête de bois,
Tête de bois de renne,
Les rennes du traîneau!
Il neige entre mes oreilles,
C'est Noël!
*

Pourquoi font-ils la fête
Avec leur tête à avoir froid?
Ils se bousculent dans les lumières,
Ils achètent du foie gras,
Ils ne rient pas.
*

Il paraîtrait que la planète
Continuerait de tourner en rond
Malgré tous les empêcheurs de monde
Qui ne tournent pas rond et nous regardent
Dans la télévision.
*

Il paraîtrait qu'on existe,
Qu'on serait des roseaux pensants,
Des roseaux dont on fait les flûtes,
Du bois dont on fait les bûchers.
A votre santé!
*

Et il faudrait qu'on croie encore
Ce qu'on lit dans les yeux des femmes?
A ce que disent les hommes et leurs dieux?
Le Père Noël s'est payé notre tête,
On ne méritait pas mieux!

*

MOUILLÉS

On croit pouvoir passer l'amour, la vie à gué,
En posant bien ses pieds de nuage en nuage
Pour éviter de se mouiller l'âme, pour se droguer
Au bonheur, fuir les batailles et les orages
Sur la pointe des pieds,
Le cœur battant, mais…

*

Pierres polies par la vie, glissent aussi les nuages
Qui vous envoient patauger.
Perdus, les beaux chemins qu'on voulait partager!
Les yeux au ciel, les genoux dans le marécage,
On s'en sort comme on peut,
Propre ou pas, mort ou vieux.

*

On n'était pas des anges et on le savait bien.
On voulait doucement entrelacer de rêve
Nos pénibles efforts, y ménager des trêves.
On n'était pas non plus des bêtes.
Pourquoi nous traiter comme des chiens ?
Parce qu'on voulait des fêtes ?

*

STAGNATION

Ou s'en vont les fumées,
Diaphanes et soyeuses ?
Vers le bleu, hors des cheminées,
Elles montent paresseuses.
Où s'en vont les fumées ?
Hélas, elles stagnent fréquemment,
Matelassent la terre
Et polluent l'environnement
De substances amères.

*

Où s'en vont nos pensées ?
Il n'y a plus de Bon Dieu,
Qui voulait, dit-on, les hisser
Vers la beauté des cieux.
Où s'en vont nos idées ?
Hélas, il tombe fréquemment,
Qui empestent la terre,
Les hommes et leur entendement,
Des idées délétères.

*

Où s'en vont nos amours ?
Qui les sait, qui comprend les femmes ?
Ils se sont enfuis un beau jour.
Ça fait très mal madame !
Où s'en vont nos amours ?
Hélas, s'abat sur les amants,
Même les plus sincères,
Le désenchantement
Des amours éphémères.

*

Où s'en vont les fumées ?

QUESTIONS

Pourquoi des yeux,
Puisque vous ne voyez pas la détresse ?
Pourquoi des yeux,
Puisque vous ne voyez pas la tendresse ?
Pourquoi des yeux ?

*

Pourquoi entendez vous ?
Vous ignorez les cris qui vous appellent.
Pourquoi entendez vous ?
Vous ignorez que ma musique est belle.
Pourquoi entendez vous ?

*

A quoi sert votre bouche ?
Elle ne dit pas les mots de la fraternité.
A quoi sert votre bouche ?
Elle oublie les baisers, les chants et l'amitié.
A Quoi sert votre bouche ?

*

Et puis des mains !
Je ne vois pas ce qu'elles retiennent !
Pourquoi ces mains ?
Je ne vois pas qui elles soutiennent.
Pourquoi des mains ?

*

Enfin pourquoi un cœur,
Si toujours il se ferme ?
Pourquoi un cœur
Que rarement l'amour concerne ?
Enfin pourquoi un cœur ?

*

PROMÉTHÉE

Géant doux et sentimental,
Il tomba très amoureux des hommes
Que les dieux avaient créés comme
Des jouets de glaise et de cristal.
*

Ils en usaient parfois, mais lorsque sur l'Olympe
Prométhée déroba l'irremplaçable feu
Vital pour que ces poupées se hissent et grimpent
Dans le règne animal, il faut faire un aveu :
*

Zeus n'eut pas de sainte colère,
N'ordonna pas de punition, non,
Les dieux ont d'autres solutions
A leur ennui, alors ils nous quittèrent.
*

Mais l'homme à peine né, se lamente et s'épuise
A recréer ces dieux qui l'ont abandonné !
Il oublie le géant, il fonde des églises,
Et s'invente des lois pour se subordonner !
*

D'amour déçu, dans les montagnes,
Il hurla plus de dix et mille ans
Puis, dans un cri hallucinant,
Prométhée s'enchaîna à son bagne.
*

Sur un très haut rocher il nous attend.
Si l'on veut être un jour acteurs de notre histoire,
Être des hommes enfin, il s'en ira content
Et délivré, en chantant des chansons à boire !

*

LES ENFANTS D'ICARE

Subterfuge inventé par les enfants d'Icare
Pour garder le secret d'un incroyable sort,
On se moqua de son ambition bizarre,
On fit croire à sa mort.

*

Or, il était passé, le bel oiseau sauvage,
De l'autre côté du soleil !
Sur son rêve, monté plus haut que les nuages,
Il avait plongé dans le ciel !

*

Pour que les bonnes gens se rassurent,
On vit des plumes exploser dans l'immensité.
L'heure n'est pas encore mûre
Pour l'infini, la vérité.

*

Mais des gouttes de poix, où son sang se mélange,
Ont fécondé la mer Égée
D'une race de fous, de poètes étranges,
Aux yeux brûlés, au cœur léger.

*

LA CHANSON DE CLÉMENT

J'aimerais que l'on se souvienne,
En ce siècle déroutant,
Du « temps des cerises » anciennes,
Celles de jean Baptiste Clément.
*
C'était un révolutionnaire
Qui chantait l'amour, le printemps,
Puissent les révolutionnaires
Chanter toujours nos sentiments !
*
Il se battait sous la commune,
Le pavé était rouge sang,
Ils allaient mourir pour des prunes,
L'espoir enterré pour longtemps.
*
Un matin, sur la barricade,
Un jour de trêve et de printemps,
Le soleil avait le goût fade
D'un destin encore hésitant.
*
Comme s'était tue la mitraille,
Une femme ravitaillait
Ces hommes épuisés de batailles,
Les siens comme les versaillais.
*
Alors, tous chantèrent « Le temps de cerises »,
Ils chantèrent leur jeune temps
Avant que le feu ne détruise
Leurs rêves en les assassinant.

*

Et ce chant que l'on croit politique
Ne parle que des amours perdus,
C'est une ruse magnifique
De l'histoire, ce malentendu !
*

Mais quand j'entends « Le Temps des Cerises »,
Je ne peux m'empêcher, pourtant,
De songer aux guerres et aux crises
Qui survivent à tous les printemps.
*

L'épisode évoqué ici est certainement inventé, je l'ai entendu raconter par Yves Montand et n'en trouve pas trace ailleurs. La chanson créée en 1866, chanson d'amour et de printemps, était fort à la mode en 1871 au moment de la commune. Le fait que Jean Batiste Clément fut communard et révolutionnaire, la phrase : « c'est de ce temps là que je garde au cœur une plaie ouverte », ont contribué à lier la chanson à l'épisode de la Commune. De plus, en 1882, revenu d'exil, il dédie la chanson à Louise, jeune ambulancière venue les secourir sur la barricade de la rue Fontaine- au-Roi pendant la semaine sanglante, le 28 mai 1871. Nul ne sut jamais ce qu'était devenue Louise , ni si elle avait survécu. Ainsi Le Temps des Cerises reste indissolublement lié au souvenir de la Commune de Paris .

———————

LE CAHIER DE MON PÈRE

Au cours des dernières années de sa vie, mon père, André Moulard (1911 - 1973), a recopié soigneusement sur un cahier d'écolier certains des poèmes qu'il avait écrits à diverses époques. En les publiant je veux rendre un hommage à celui qui m'a donné le goût des belles lettres, le souci de la formule juste et l'amour de la langue, ma vie en a été embellie et enrichie.

VITA

Jusqu'au fa, jusqu'au mi
De la corde qu'on pince,
Jusqu'au non, jusqu'au oui
Aurais-je été bon prince…
                *

Jusqu'à la mer à boire,
Et au fond de l'histoire,
Suis-je l'oiseau, la cage ?
Où es tu mon présage ?
                *

Jusqu'au genou fléchi
Pour ma peine, et transi
Sur la terre qui gèle,
Jusqu'au bout de mon zèle,
                *

Jusqu'au pied de l'autel
Cherchant en vain mon ciel,
Jusqu'à ma contrition
Sans rime ni raison,
                Je te salue ma vie !
                *

Jusqu'à l'eau, jusqu'au feu,
Jusqu'au fond du puits creux,
Jusqu'à la cendre éteinte,
Jusqu'à la longue plainte,
                *

Sur mes pieds jusqu'au clou
Et la hart sur mon cou,
Jusqu'au nœud qui balance

Mon sac à la potence
    Je te salue ma vie !
        *

Jusqu'au fer des canons
De fusil sur mon front,
Jusqu'à ma pénitence
Et puis jusqu'au silence,
        *

Jusqu'à l'os dur et sec
Et quatre planches avec
Et quatre clous de fer
Et quatre pieds de terre,
    Je te salue ma vie !
        *

Écorché ou pendu
Enroulé dans ma glaise,
Glas, pour qui sonnes tu ?
Qu'importe, à Dieu ne plaise.
        *

Tout en haut de mon toit
Claque au vent mon bonheur,
Jusqu'au bout de mes doigts,
Jusqu'au bout de mon cœur,
    Je te salue ma vie !

        *

LE SIMPLE LE NAÏF

Mon Dieu, fais que je sois le simple, le naïf,
L'ami de l'ombre, moi qui vis sans ta lumière
Et qui n'ai pas gardé les mots de ta prière
Pour demander l'oubli à tes secrets récifs !
*

Aux lignes infinies où j'appuierai mes yeux,
Ne plus donner un sens à tout ce qui existe,
Châtier mon orgueil et qu'on laisse détruite
La ville où j'étais Prince, brillant de si beaux feux…
*

Mon Dieu, mon front baissé implore ta couronne
Et son épine ardente et ses gouttes de sang,
J'ai rêvé, je m'éveille et n'entend plus le chant
Des sirènes de l'île que ma barque abandonne.
*

Ne nous retournons pas vers ce qui n'est plus rien
D'un monde à qui j'avais, dépouillé et sans crainte,
Livré mes poignets nus. N'écoutons pas la plainte,
Inutile regret, chargé de tendres liens.
*

Et lâchons nous la main pour ne pas décevoir
Toi, mon élan brisé basculant de ta cime,
Comme dans l'Occident L'Astre rouge s'abîme,
Laissant d'autres étoiles semer d'autres espoirs !
*

Ainsi meurt le bruit de la fête où j'étais,
Et si je ne vois plus, chevauchant sur les crêtes,
Tous mes beaux cavaliers amoureux de conquêtes,
C'est que revient l'Amante aux longs cheveux défaits :
*

L'heure close du soir où j'aime ma poussière.
Mon Dieu, fait que je sois le tout simple pêcheur,
Fais moi toucher l'épaule nue de la candeur,
Et répands à mon front la cendre, O ! Joie amère !

*

CHANSON DES SABOTS

Fi donc de la mathématique
Qui foisonne en triste raison
Et parlons de la bucolique
Et de Toinette et de Toinon !
*

C'est le printemps, il pleut, je vois
De ma fenêtre ouverte au chant
De tous les oiseaux des bois,
Picot, notre bouvier galant.
*

Il court, il court, sabots de bois !
Bonnet au vent, blouse pervenche,
Il court à l'abri de la branche
Et son cousin n'est pas le Roi !
*

C'est le printemps, il pleut, je crois
Qu'on cherche Toinette à la ronde,
Nul écho n'apporte sa voix,
La belle n'est pas de ce monde !
*

Elle court, elle court, sabots de bois !
Foulard au vent, blouse pervenche,
Elle court à l'abri de la branche
Et son cousin n'est pas le Roi !
*

C'est le printemps, il pleut, il bruine,
Les amoureux n'ont pas de loi
Ni sou, ni maille, ni chaumine
Et le plus gueux n'a que sa foi !

*

Ils courent, ils courent, sabots de bois !
Cheveux au vent, coudes aux hanches,
Ils courent à l'abri de la branche
Et leur cousin n'est pas le Roi !

*

MONOLOGUE DE LA SOURIS

C'est moi la folle souris grise,
Coucou, bonnes gens, me voilà !
Ah, je ris de votre surprise,
Pour sûr, vous ne m'attendiez pas !
*

C'est moi la souris du buffet
Qui dérange vos bons usages
Et vous donne cet air inquiet
Au bruit sec de mon grignotage !
*

C'est moi le trou dans le pain blanc
Et les crottes dans la farine.
Les noix qui roulent sous le banc,
C'est moi, c'est moi qui les lutine !
*

Trottinant, furetant, rongeant
Ou fil de soie ou fil de laine,
J'ai pour ami un mécréant,
Notre bonhomme La Fontaine.
*

Et je sais, ayant beaucoup lu,
Mis bien des livres en dentelle,
Qu'on m'appelle trotte-menu,
Un joli nom de demoiselle !
*

C'est moi la petite rongeuse,
Pourquoi, cruels, me pourchasser ?
Tous vos pièges laissent songeuse
La souris grise du foyer !
*

Les petits ne font pas grand mal
Sur la terre où règnent les grands.
Vous faites des bombes, géants,
Et nous des crottes ... d'animal.

*

BACCHUS

Il gisait pâle et nu,
Et vers le lit défait
Comme un doigt délateur, par un trou du volet
Glissait un rayon cru…

Car dans la nuit de juin, sous la clarté maligne,
Dormait le sybarite, enivré, dévêtu
Et sans feuille de vigne.

*

PREMIER AMOUR

Au souffle qui portait sa blanche caravelle
Se mêle, frémissant, à de courts intervalles,
Le vol des cormorans, apportant sur leurs ailes,
Dans les coups et les cris d'incessantes querelles,
L'âcre et prenant parfum des lointaines escales,
Se mêle, frémissant à de courts intervalles
Au souffle qui portait sa blanche caravelle.

*

Dans la simple chlamyde, ornée de tresses d'or,
Mon rêve t'évoquait, Ô, jeune tarentine
Et mon cœur et mes yeux suivaient depuis le port
La voile, vers Cythère ondulant sans effort
Sur la vague apaisée de la mer levantine,
Mon rêve découvrait la jeune tarentine
Sous la simple chlamyde, ornée de tresses d'or !

*

Mais le temps qui s'en va délivre du mirage,
Arrachant le poème au cœur qu'il endurait.
Je sais que disparaît dans une immense nuit
Le vaisseau triomphant des amours du jeune âge !

*

CHANSON POUR LA FRIVOLE

N'écoute pas, n'écoute pas,
N'écoute pas battre ton cœur,
N'écoute pas la douleur
Qui chemine à petits pas.
Verra bien qui vivra
Lan-lère, lan-là !
*

N'écoute pas cette rage
Qui te donne ces yeux là,
Ne griffe pas ton visage
Et boutonne ton corsage.
Verra bien qui vivra
Lan-lère, lan-là !
*

N'écoute pas la bêtise,
N'écoute pas ceux qui disent.
Ceux qui disent n'y crois pas,
Ceux qui disent n'y va pas,
Verra bien qui vivra,
Lan-lère, lan-là !
*

N'écoute pas les dadas
Les débauchés, les habiles,
Et met ta robe de ville,
Tes chiffons, tes falbalas.
Aujourd'hui on sortira !
Verra bien qui vivra
Lan-lère ; lan-là !
*

N'écoute pas ta grand-mère,

Et patati et patata.
Si tu n'as pas de manières
Je crois qu'on n'y peut rien faire,
Verra bien qui vivra !
Lan-lère, lan-là !
*

N'écoute pas ta cousine,
Ta cousine qui voudrait
Que tu fasses bonne mine
A son frangin, ce dadais.
Verra bien qui vivra
Lan-lère, lan-là !
*

N'écoute pas le notaire,
Ne fais pas ce qu'on te dis,
Il y a d'autres partis,
Trop de gens à satisfaire,
Verra bien qui vivra,
Lan-lère, lan-là !
*

N'écoute pas trop ta mère
Ni tes sœurs ni tes frères,
Fais du bruit à la maison.
Verra bien qui vivra,
Lan-lère, lan-là !
*

Si l'on dit dans l'entourage
« Ma fille n'était pas comme ça »,
Répond : je n'ai pas votre âge,
Je n'ai plus mon pucelage,
Verra bien qui vivra,
Lan-lère, lan-là !
*

Fais la nique aux commérages
Et met les pieds dans le plat.
N'écoute que ton courage,
Quand tu seras en ménage
Verra bien qui vivra !
Lan-lère, lan-là !

*

MONOLOGUE DE LA BONBONNE

Je suis une forte bonbonne
Dodue, pansue et bien campée
Et chaque jour que Dieu me donne,
Au bout du bras de ma patronne,
Je vais au coin, chez l'épicier.
*

Je suis une belle bonbonne
Dodue, pansue, bien empaillée,
Et dans la rue chacun s'étonne,
Au bout du bras de ma patronne,
De me voir si bien balancée.
*

Mon verre n'est pas de Baccarat,
Je ne suis pas une sylphide.
Madame qui est de Couiza
Est un peu dans le même état,
Nous représentons du solide !
*

J'ignore Pouilly, Pommard et Nuits,
Chateau Yquem, Saint Emilion,
Et suis coite au nom de Chablis,
Car j'apprends ma géographie
Entre Naurouze et Roussillon.
*

Enfant de l'Aude ou de l'Hérault,
Serais-je, hélas, condamnée
A ne promener mon goulot
Que sous des muids crachant « du gros »
Sans appellation contrôlée ?
*

J'ai pourtant rêvé d'un « bon coin »,
Chez un pharmacien de la ville,
Où un vieux maître plein de soin
Me remplirait d'eau qu'on distille
Car, de pinard sursaturée,
J'aspire à l'eau claire et tranquille !

*

Loin de la foire aux décalitres
Et de sa triste bacchanale,
Je serais nymphe, et, sur ma vitre
Désormais pure, transparente,
De façon pas trop apparente
On mettrait le prix syndical .

*

Je serais nymphe un peu dodue
Mais si gaie et si « bon enfant » !
A ma voisine la cornue,
J'aimerais raconter l'histoire
De tous les gens que j'ai vu boire.
Je médirais, j'aurais le temps.

*

Et dans la forte odeur du vin
Qu'on voit s'échapper des barriques,
Je rêverais, pauvres humains,
A cette fièvre « bonbonique » .

*

Note de JPM : la « patronne » de cette bonbonne était la gérante de la cantine des cheminots à Agen. Dans les années 50, mon père, en plus de son travail, s'était chargé de faire la comptabilité de la cantine et de la cantinière haute en couleurs. « Madame était de Couiza », dans l'Aude, région pinardière !.

L'EAU ET LE PONT (Chanson)

Avant qu'on règle dans Paris
Les problèmes de circulation,
Avant que l'on rase gratis,
Coulera de l'eau sous le pont.
*

Avant qu'on aime la police,
Les percepteurs, les tabellions,
Il faut le dire sans malice,
Coulera de l'eau sous le pont.
*

Avant que la honte soit bue,
Que le pêché ne soit mignon,
Avant que la haine soit tue,
Coulera de l'eau sous le pont.
*

Avant que Jeanne, la pucelle,
Retrouve l'évêque Cochon,
Et qu'ils s'amusent à la marelle,
Coulera de l'eau sous le pont.
*

Avant que je « suive le bœuf »
Ou chasse à courre le papillon,
Avant qu'on m'étouffe dans l'œuf,
Passera de l'eau sous le pont.
*

Avant que mon chien dit César
Ait repassé le Rubicon,
Avant que De Gaule en ait marre,
Coulera de l'eau sous le pont.

*

Avant que m'en aille à confesse
Comme les bien pensants y vont,
Avant que je serve la messe,
Coulera de l'eau sous le pont.

*

Avant que ma mie me déçoive
Aurai-je fini ma chanson,
Avant qu'on paye bien qu'on doive,
Coulera de l'eau sous le pont.

*

Mais enfin, de rien ne jurons,
J'en connais qui prenaient des airs,
Puis au chant du coq, comme Pierre…
L'eau coulait toujours sous le pont.

*

PAIX

J'aime quand le destin relâche un peu ses doigts,
Fais moins dure sa poigne, desserre son bat
Et nous rends le verrou de ses cachots secrets
En élevant sa main pour un signe de croix.

*

J'aime quand il défait sa longue toge noire,
Qu'il se pare un moment du pourpoint cavalier,
Bon prince, accompagnant vers de libres sentiers
Ceux qu'il a fait aveugles et refusent d'y croire !

*

Car il faudra rentrer sous le joug, vaincu,
Baisser sa tête chaude encor de l'escapade,
Retrouver son pain dur et la cruche d'eau froide,
Faire le compte enfin de ses espoirs déçus !

*

Pourtant, ma destinée, dans l'espace du ciel
Toi qui gonfles les vents dans nos voiles ouvertes,
Détaches un chaud rayon vers nos grilles muettes,
Plein de ces grains légers qui jouent dans le soleil !

*

Que je puisse chanter sans qu'un écho farouche
N'étouffe cet appel entre des murs épais
Et me rendre au sommeil sans la honte que j'ai
D'amers renoncements qui dessèchent ma bouche !

*

Où je pourrais aimer, peut être retenir
L'humble fleur indulgente au pêcheur que je suis,
Quand j'aurai dépouillé dans le coin de ma nuit
Mon âme sans vaillance et mon corps sans désir !

*

Allons, emporte moi aux paradis perdus !
Parmi ces grands jardins aux palmes frémissantes,
Que le jeu incessant de la vague pressente
Festonne son écume autour de mes pieds nus.

*

Oui, laisse moi penser à l'abri des orages,
Heureux comme l'enfant du complot des chimères,
Qu'on peut vivre sa vie sans la vile misère,
Au monde merveilleux dont tu tournes les pages.

*

Et puis sur ma peau tiède, libre, abandonnée,
S'abattront de nouveau les grains durs et froidis.
Je saurai, retrouvant un long frisson d'ennui,
Comme j'aimais déjà ta flèche empoisonnée !

*

Quand ta stricte justice, Ô main inexorable,
Refermera sur moi son dur crochet de fer,
Je saurai que l'amour, comme l'eau de la mer,
Laisse de noirs débris sur la blancheur du sable !

*

PARLE MOI (Chanson)

Parle moi, dis moi des choses,
Ouvre ton cœur, ton souci,
Ne dis qu'un mot, même un cri,
Ne restes pas bouche close.

*

Ce que tu penses, dis le moi
Avant que je l'imagine,
Avant que l'araignée dessine
Dans ma tête son canevas ?

*

Je ne veux plus penser ta voix !
Ce que tu souffres c'est ta plainte,
Ce que tu crois, tes mains jointes
Et ce qui tremble, ton émoi.

*

Je sais, tes yeux agrandis
C'est ton âme qui s'étonne
Ou ta peur que tu me donnes
Ou ta joie que tu me dis.

*

Une musique, c'est ton pas,
Une caresse c'est tes doigts
Comme la pluie sur mon toit
Petit tambour qui bat...qui bat…

*

Mais dis moi, en vers ou en prose,
Dis moi les mots qu'on attend
Quand d'amour souffle le vent
Ne reste pas bouche close.

*

105

Raconte un peu, dis moi ton rêve,
Au pays où rien ne s'achève
As tu fait le plus beau voyage
Des jeunes filles de ton âge ?

*

Dis ta souffrance sans ta plainte
Et ta croyance sans mains jointes,
Dis ton amour avec un cri,
Ta tendresse d'un mot gentil..

*

De tout l'amour dont tu m'enchantes
Fais une cloche résonnante,
Oui, ton baiser je veux l'entendre
Et c'est ta voix que je veux prendre !

*

Parle moi, dis moi des choses,
Ouvre ton cœur, ton souci,
Ne dit qu'un mot, même un cri,
Oui dis moi, en vers, en prose,
Dis moi les mots qu'on attend
Quand d'amour souffle le vent,
Ne reste pas bouche close.

*

Parle moi, dis moi des choses !

*

VALSE-FARANDOLE

Veux tu, veux tu des baisers de l'Amour,
Veux tu, veux tu que je sois tour à tour
Comme Pierrot vêtu de soir
Ou l'Arlequin au masque noir ?
*

Veux tu, veux tu le brigand, le poète,
Fra Diavolo et son tromblon,
Veux tu, veux tu pour ta conquête,
Que je sois l'ange ou le démon ?
*

Veux tu le Roi, veux tu le Prince,
Veux tu le page aux beaux atours,
Le veux tu grand, le veux tu mince,
Veux tu le simple troubadour ?
*

Si tu le veux, viens dans la plaine,
Les foins coupés y sentent bon.
Donne ta main, voici la mienne
Comme font filles et garçons.
*

Veux tu, veux tu venir à la fête,
Veux tu, veux tu danser dans mes bras,
Veux tu que tourne un peu ta tête
Quand la valse s'arrêtera ?
*

Veux tu, veux tu le paso du trompette,
Veux tu, veux tu le tango du violon,
Veux tu, dis moi, que l'orchestre s'arrête
Et qu'on danse à l'accordéon ?
La la la la la la la lère

La la la la la la la
*

Veux tu, veux tu oublier la semaine,
Ne plus penser, ne plus savoir,
Veux tu, veux tu qu'on te ramène
Un peu grise au dimanche soir ?
*

Veux tu, veux tu, joie sans pareille,
Pleurer pour un oui, pour un non,
Veux tu que l'aube te réveille
Avec tes boucles sur mon front ?
*

la la la la la la la lère
La la la la la la la la.

*

HIVER

Je viendrai quand l'hiver aura chassé les feuilles
Dans le creux du chemin que le gel aura pris,
Je viendrai sous la pluie, je viendrai quand le deuil
Sera le lourd manteau que la plaine aura mis.

*

Je viendrai tristement, je viendrai le matin,
Dans le jour hésitant des formes ébauchées,
A l'heur' du grondement sur la voie du long train
Où tu te tenais droite à la vitre embuée.

*

Le ciel ne sera plus qu'un foulard déchiré,
J'attendrai vainement que sa teinte s'irise
Comme on espère encor et le rêve achevé
Le calice d'or pur que le réveil nous brise.

*

La terre n'est ici que la boue de mes pieds
Et le bruit de son eau dans le trou de mes pas
Me désole et me ploie. Suis je l'inconsolé,
Des pierres du chemin suis je déjà si las ?

*

Assez de ces bois noirs comme des bras tordus
Implorant pour un Christ dont ils dressent les croix !
Je ne viens pas chercher l'âme des jours perdus
Ni prier, ni me plaindre au souvenir des voix !

*

Je suis venu pleurer sur la rive insondable
Élevant à l'Amour son brûlant reposoir,
Refusant les secours de la petite étable,
Des Mages, de l'Enfant, de l'Étoile du soir !

*

Laissez moi planté là, Ô mes corbeaux criards,
Funeste carrousel attaché à mon reste.
Laissez moi sur le dos ce vent froid du cafard,
Cet habit me tient chaud comme au pouilleux sa peste.

*

Ôtez moi la vision des retours printaniers,
Les buissons frémissants et les traits lumineux
Qui glissant dans les doigts des minces peupliers
Mettaient des éclats d'or aux fils de ses cheveux !

*

Cachez moi le lilas, le muguet odorant
Et les brins de jasmin dans un livre glissés,
Mes bouquets d'amoureux cueillis à cœur battant
A la syrte sauvage, à jamais desséchés.

*

Ne rendez plus l'écho des haltes familières,
Avec les chants d'oiseaux les baisers se sont tus,
Les serments sont partis ainsi que les prières
Adressées avec l'âme à des voûtes perdues !

*

Je viendrai. Je viendrai puisque tout se termine
Mais je n'entendrai plus dans le soir descendant
Que ce marteau léger que la visitandine
Fait tinter au clocher de son morne couvent.

*

L'AN NOUVEAU

Jour de l'an des temps nouveaux
Où l'on va chiper la lune
Garde moi près de ma brune,
Quand il fait froid il y fait chaud !

*

On dit, ce n'est pas nouveau,
Que poète est dans la lune.
Moi, sans masque ni manteau
Je ne cherche pas fortune

...comme a fait l'ami Pierrot
Un soir au clair de lune !

*

En ce jour de l'an nouveau
Ma chandelle n'est pas morte
Et si j'entr'ouvre ta porte
Ce n'est pas pour écrire un mot.

*

Si tu veux de mon écot
Avant que le jour s'allume,
Pour jouet dans ton sabot
Je ne mettrai pas ma plume

...comme a fait l'ami Pierrot
Un soir au clair de lune !

*

L'OULE (Ola)

Sans chaude laine est notre hiver,
Sans bon froment fut Messidor,
Combien faut-il souffrir encor
Ô ma douce France d'hier.

*

Chez nous, un pauvre feu qui baisse
Ne tient plus toutes ses promesses.
Où fumait dans l'oule de terre
La poule du bon roi Henri,
Mijote un brin de céleri
Assiégé de scorsonères !

*

Ce n'est pas festin de gourmet
Dont la langue hostile aux brouets
Préférerait quelque rôti.
Mais comme disent nos grand mères
Qui n'ont plus le désir de plaire :
Les carottes, ça rend joli !

*

Pauvre français qui s'amenuise !
Son veston flotte et sa chemise
Qui lui serrait la carotide
Laisse échapper son maigre cou.
Ses souliers sont usés au bout,
Un brin de corde c'est leur bride.

*

Il est « swing » disent les gamines ;
Ça manque un peu de vitamines,
Il vaudrait mieux de l'embonpoint,
Et courant devant les gendarmes,

A la ferme il verse des larmes,
Voyant la poule et ses poussins !
*

Un jour finira bien la guerre
Si nous ne sommes pas en terre.
Je nous vois songeurs à l'hospice,
Sous les grands arbres de la cour,
Rongeant nos ongles sans détour,
La faim sera notre caprice.
*

Chez nous, au coin du feu qui baisse,
J'écoute ma foi sans tristesse
Notre vieille oule qui chante.
Nulle odeur n'en sort alléchante
Mais j'aime bien mon cordon bleu.
Elle peut dire, la câline :
Ce soir, carottes mousseline !
Je ne plains pas mon ventre creux.

*

Décembre 1943, pendant l'occupation allemande.

Nota :L'oule (l'ola dans la graphie classique) est la marmite en occitan.

ADIEU A LA MACHINE A VAPEUR

Quel est ce noir séjour ? On entend la souffrance
Qui geint comme l'amarre à la corde tendue
Où la vague déferle. Puis le grand vent s'élance,
Sifflant contre ma joue des cris d'enfant perdu.
*

Dans l'ombre est le tonnerre et la flamme qui gronde.
Entre des flancs d'airain une toux de vapeur
Par une nuit qui flambe apprête un autre monde ;
Il a des mains de suie pour caresser l'horreur.
*

Il a des bras tordus recouverts de pétrole
Qui frappent sans arrêt en de vastes tambours
Et l'eau, rejaillissant de noires alvéoles,
Cherche dans le cambouis un chemin de retour ;
*

Il a des tonnes d'eau dans son ventre pour boire,
Son couvert est dressé de griffes et de pelles,
De son gosier brûlant, le trop plein des mangeoires
Retombe sur ses pieds en geres d'étincelles.
*

Il joue avec le fer, fait tourner ses volants,
Aboyer ses fourneaux aux gerbes explosives
Ou, parfois détaché de ces jeux effrayants,
Astique ses miroirs, fait briller tout son cuivre.
*

Chez lui c'est la géhenne et la peine des hommes
Que l'on voit trébuchants, transis dans le brouillard,
Haletants et voûtés comme bêtes de somme
À de larges sillons sous l'ombre du regard.
*

Tout jeune, on me disait : fils, si tu n'es pas sage,
Le diable te prendra pour son feu éternel !
Au large de la vie, l'homme oublie le présage
Mais la frayeur d'enfant vibre comme un appel.

*

Pourquoi t'ai-je choisi, mon dur métier de fer ?
O, monstres surgissant des rais clairs du matin,
Comme j'accourrais vite au petit pont de pierre
Vous entendre vibrer sous mes pieds de gamin !

*

Comme j'aimais, penché à la lucarne ouverte,
Ce visage attentif aux disques de couleur
Et l'éclat du foyer au verre des lunettes
Sous la casquette bleue, posée à l'aviateur !

*

Ohé ,Mécanicien! D'énormes flocons blancs
M'appelaient au voyage, enveloppant mon rêve.
Pourquoi t'ai-je choisi quand passèrent les ans
Si ce n'est pour garder cette vision trop brève.

*

Et maintenant, lancé sur la ligne déserte,
Attentif à mon tour aux signes de la voie,
Je suis le « compagnon » dont la main s'est offerte
À conduire à bon port de résonnants convois.

*

Ohé, Mécanicien qui ballotte et trimballe,
Siffle ! C'est l'arrivée, et ton chauffeur qui trime
A besoin comme toi du repos de l'escale
Pour oublier demain ce seigneur et sa dîme.

*

Demain, de la Magie un autre feu s'avance.
S'il veut mettre au rancard ton piston, ta turbine
Et dans un cimetière où l'ortie se balance,

Laisser monter la ronce au long de ta machine,

*

Si, par le chalumeau dépeçant ses entrailles,
On vendait à l'encan ses oripeaux noircis,
Laisse moi saluer, avant que tu t'en ailles,
Ta bonne « gueule noire », mécano, mon ami !

*

SONATE POUR UNE INFANTE PERDUE

Il lava son front, tête absente,
C'était la fille d'un grand Roi,
Elle était la petite infante
Pour qui l'on n'aime qu'une fois.
*

Pour lui, sur la route altérante,
Descendue comme d'une croix,
Elle était fraîcheur apaisante,
Bénitier offert à ses doigts.
*

Elle était tout, l'espoir, l'attente,
Un peu de larmes, un peu de joie,
Un peu de tout ce qui enchante,
Un peu de tout ce qui déçoit.
*

A son épaule, point de mante,
Pas de dentelle ni d'empois
Mais il la trouvait élégante
Sa demoiselle d'autrefois.
*

Elle avait un nœud d'amarante
Dans ses cheveux noirs, quelquefois,
Elle était sa poupée parlante
En porcelaine, aux cils de soie.
*

Tout en haut d'une longue pente,
Au château de la belle au bois,
Il l'aima ainsi qu'une plante
Qu'on n'aurait cueillie qu'une fois.
*

Dans une fête tournoyante,
Il avait pris ses reins étroits.
Vers le nuage où l'oiseau chante
La maison n'avait plus de toit.

*

Puis l'âpre orgueil qui nous tourmente,
Le vertige d'autres émois
Enveloppa d'une ombre errante
Un cœur trop lourd pour un seul choix.

*

Qu'avait-il fait, O mort criante,
Toi qui punis sans que tu voies,
Pour que l'Amour, cette passante,
Ferme ses yeux, taise sa voix ?

*

Il lava son front, tête absente,
Défit son col sur son sein froid
Et joignit ses mains transparentes.
Pauvre corps, qu'a-t-on fait de toi !

*

Elle était la petite Infante
Pour qui l'on n'aime qu'une fois.

*

TABLE DES MATIÈRES

CHEMINS ET PAYSAGES

ÉMOIS

AMUSETTES

CŒURS ET ÂMES

LE CAHIER DE MON PÈRE

———

–